青史流光：跨越时空的那些人

张良传

编著：宫浩奇

绘者：小马车图书

中国戏剧出版社
CHINA THEATRE PRESS

图书在版编目（CIP）数据

张良传 / 宫浩奇编著；小马车图书绘． — 北京：中国戏剧出版社，2023.1

（青史流光：跨越时空的那些人）

ISBN 978-7-104-05284-5

Ⅰ．①张… Ⅱ．①宫… ②小… Ⅲ．①张良（?- 前186）—传记 Ⅳ．① K827=341

中国版本图书馆 CIP 数据核字（2022）第 177632 号

张良传

责任编辑： 肖　楠
项目统筹： 康祎宁
责任印制： 冯志强

出版发行：中国戏剧出版社	印　刷：保定市铭泰达印刷有限公司
出 版 人：樊国宾	开　本：710mm×1000mm　1/16
社　址：北京市西城区天宁寺前街 2 号国家音乐产业基地 L 座	印　张：78
邮　编：100055	字　数：280 千
网　址：www.theatrebook.cn	版　次：2023 年 1 月　北京第 1 版第 1 次印刷
电　话：010-63381560（发行部）　010-63385980（总编室）	书　号：ISBN 978-7-104-05284-5
传　真：010-63381560	定　价：298.00 元（全 10 册）

读者服务：010-63381560

邮购地址：北京市西城区天宁寺前街 2 号国家音乐产业基地 L 座

版权专有，违者必究；如有质量问题，请与出版社联系调换。

洞仙歌·张良

屠龙博浪,素服纶巾扇。帷幄施筹铸炎汉。宴鸿门、巧手翻转乾坤,空画饼,楚将途穷心慢。

圯头拾布履、孺子谦恭,机策充盈太公卷。凤阙问存亡,四皓鬓飘,丰羽翼、青宫无难。闭门户、逐黄卷青灯,怎能为、华服玉食羁绊。

姓　　名	# 张良
所处时代	秦末至汉高祖、汉惠帝时期
主要事迹	博浪沙刺秦；圯上敬履；斗智鸿门；明烧栈道，下邑之谋；虚抚韩彭；劝都关中；扶保太子
关联名人	秦始皇、黄石公、刘邦、项羽、樊哙、陈平、韩信、吕后、商山四皓
文化标识	圯上受书；孺子可教；助纣为虐；忠言逆耳利于行，良药苦口利于病；独当一面；养虎遗患；运筹帷幄之中，决胜千里之外；天府之国；赤松子；太公兵法

历史背景

秦王扫六合，虎视何雄哉？一代雄主、千古一帝秦始皇用十年的时间结束了持续五个多世纪的列国纷争，建立起大一统的封建王朝——大秦帝国。九州黔首、六国贵族纷纷匍匐于皇帝脚下，莫敢仰视。严酷的法家政策下，秦朝看起来风平浪静，所有人都俯首听命。但实际上，无尽的徭役税赋、每日的食不果腹、苛刻的法律诏令早已让大家心怀怨怼、恨意滔天。秦始皇刚刚驾崩，陈胜、吴广的大泽乡起义就点燃了人们心中按捺不住的熊熊怒火，大家纷纷揭竿而起，并力反秦，一支支义军此起彼伏。起义的众人不仅有赤贫如洗的百姓、卑贱如草的奴隶、地位卑微的小吏，还有那些希望恢复旧日荣光的六国贵族。这其中，就有一位名传后世的智者，他叫张良。作为韩国的后裔，张良一开始希望借助楚军首领项羽的帮助，恢复故国，但奔走很久，却终无所成。当他意识到天下一统已是历史必然，复国之梦不过是镜花水月之时，转而投奔了实力在当时还非常孱弱的草根英雄——刘邦。历史证明，这次抉择无论对张良还是对刘邦都堪称最佳。刘邦在张良的尽心辅佐下,不仅攻灭了秦朝,还在楚汉战争中大败项羽,最终问鼎天下,建立起大汉王朝。而张良则成为汉朝建立的最大功臣之一,被后世誉为"汉初三杰"之一,实现了自己成为名臣国士的夙愿。

故事线索

掌阴阳 · 施万筹
Zhangyinyang Shiwanchou

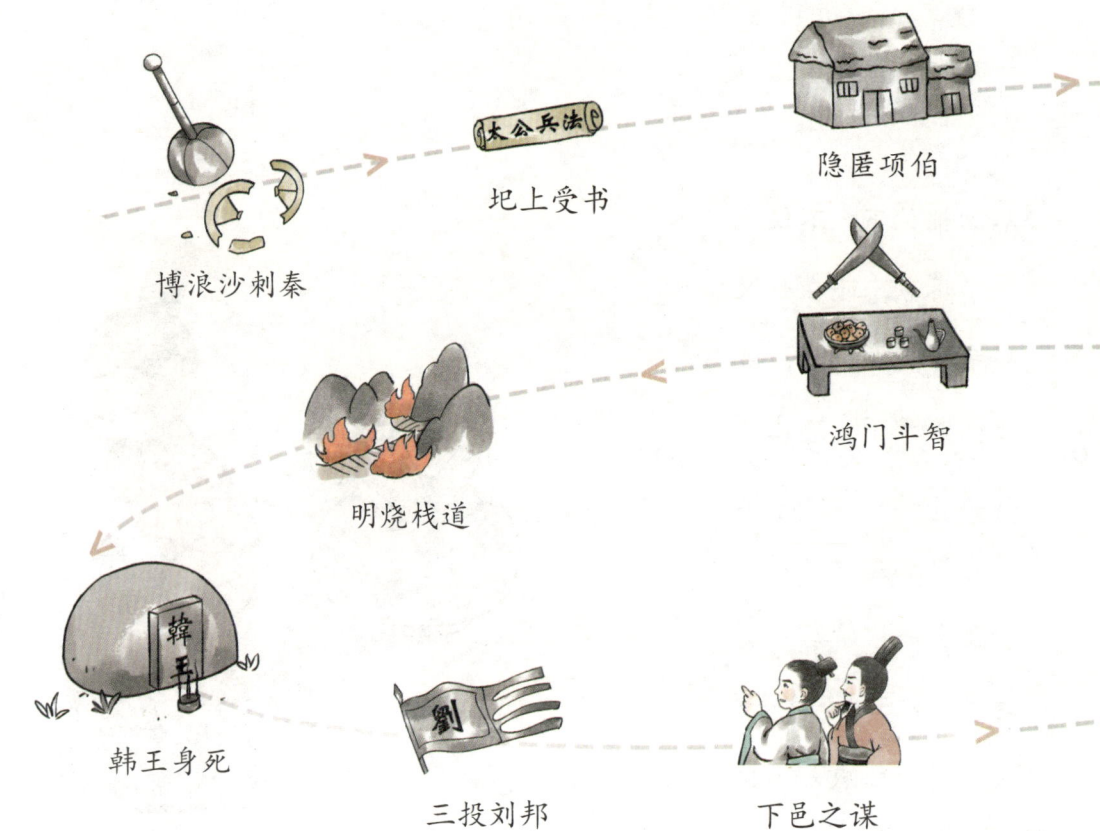

初投刘邦

辅佐韩王

复韩无功

再投刘邦

咸阳谏主

智取峣关

轻取宛城

郦生误事

虚抚韩彭

封侯之争

闭门求道

计保太子

一心复仇

张良，字子房。其先祖曾在"战国七雄"中的韩国担任过五届国相，所以张良是妥妥的官二代。但是到张良这一辈时，国家、家族遭逢巨变。千古一帝秦始皇以摧枯拉朽之势在十年间横扫六国，一统寰宇。韩国的贵族、高官四散奔逃，跌落尘埃。年轻的张良，作为"愤青"，眼见得国破家亡，心中激愤，矢志要为韩国复仇。于是，他散尽家财，甚至连弟弟去世了都不肯花钱安葬，而是将全部家产用于寻找亡命之徒，阴谋搞恐怖袭击，刺杀皇帝。可此时的秦始皇挟破灭六国之威，百姓悚然，谁敢冒天下之大不韪行此灭族之事？当年荆轲刺秦的惨剧犹在眼前，这种性价比极低的事情一般没人敢干。

青史流光：跨越时空的那些人

没说的，
俺就是有条麒麟臂。

全靠你的洪荒之力了。

筹谋刺杀

有道是"重赏之下，必有勇夫"，抑或是"国亡必有忠臣"，在张良寻找刺客的大业几经挫折之后，有一个人慷慨激昂地接下了这个地狱级别的任务。我们无法探知这个人接受任务的动机，只知道他是一个大力士，是个"肌肉男"。一个文弱的书生、一个粗豪的大汉，两个人凑在一起，一个贡献智慧，一个贡献力量，居然掀起了滔天波浪。张良制定了一个粗浅的计划，那就是在博浪沙这个地方设伏，等秦始皇东巡至此时，伺机刺杀。刺杀的工具乃是一柄由大力士奋力扔出的大铁锤。这个计划颇似今天的远距离狙（jū）杀作战计划，只不过狙击步枪换成了扔出的大铁锤，如果成功，历史将被彻底改写。

博浪沙刺秦

这种刺杀活动的成功与否,跟情报的准确性密切相关。我们不知道张良为何能够准确得知秦始皇经过博浪沙的时间,也许有内应,也许根据秦始皇的出巡规律做了精确的推算,也许只是守株待兔。无论过程怎么样,结果是在合适的时间、合适的地点,由合适的人终于扔出了这柄硕大无比的铁锤。如果击中,除非秦始皇是神仙,否则必然粉身碎骨。秦始皇当然不是神仙,但也没有粉身碎骨。因为大铁锤根本没有砸中他。

张良的情报漏掉了最重要的一环——哪辆车是秦始皇的车辇(niǎn)。屡屡遭刺的秦始皇自有一套防范措施,伪造御辇就是其中之一。呼呼而来的大铁锤砸碎的只是空无一人的副车,秦始皇安然无恙。

掌阴阳·施万箭·张良

巧遇老翁

　　暴怒的秦始皇立刻诏令四处搜查，张良二人哪敢久留，一击不中，立刻逃之夭夭。秦始皇命令发下海捕公文，全国通缉。但这种无头案子，当然无人能够破获。而此时的张良早已更名换姓，跑到了下邳（pī）。在古代信息传播技术不是很发达的情况下，张良顺利避过了风头。这天，张良正施施然地过一座小桥。桥边的护栏上坐着一个褐衣老头儿。这老头儿似乎脑袋有恙（yàng），一看张良过来了，就脱下自己的鞋子，嗖的一声直接扔到了桥下，然后大喊道："小子，去把我鞋子捡回来。"张良一脸愕然，怒气上涌，这都什么人呀，简直是赤裸裸的挑衅嘛！以为老了就不敢打你了吗？好吧，作为有道德的青年，张良还真不敢打。

桥头遭戏

　　张良乖乖地跑到桥下把鞋子捡了回来，恭恭敬敬地要递给老头儿。老头儿斜觑（qù）着又道："你是不是傻？给我穿上呀！"张良气得牙根发痒，但转念一想，既然做了好事了，那就把好事做到底吧。于是，他又毕恭毕敬地跪下来给老头儿把鞋子穿上了。消遣完张良的老头儿哈哈大笑，一拍屁股，扬长而去。可怜的三好少年张良目瞪口呆，真是不知道该如何表达此时的心情。眼见这老头走出了一里多地，忽然又转头走了回来。他径直走到张良跟前，满眼赞许地点点头，说道："你这小子看起来还不错，五天后的平明时分，你来这里，我有话对你说。"说罢，又飘然而去。遇到如此不着调的老头儿，张良真是无力吐槽。

青史流光：跨越时空的那些人

赴约考验

五日后,左思右想,张良觉得老头儿不像是精神失常之人,所以他如约而来。一上桥头,发现老头儿居然早就来了。他一见张良,立刻满脸怒气道:"你这小子怎么回事?跟我老人家相约,居然这么晚才到,赶紧走,我今天没兴趣跟你讲了。五天后再来吧!"没等张良反应过来,这老头儿愤然而去。又过了五天,张良再次如约前来,这次他特别提前到鸡鸣时分,可没想到老头儿又早来了。果不其然,老头儿又将张良臭骂了一通后,再次约到五日后。要是一般人,可能一生气就不来了。但张良显然不是一般人,他越琢磨越觉得这个老头看似奇怪的行为可能是在考验自己,于是,他这次半夜就来到了桥上。

圯(yí)上受书

张良在寒风中抱着肩膀等啊等，一直日上三竿了，老头才慢慢腾腾地踱步上桥。他不顾张良幽怨的眼神，拍着张良的肩膀大声道："孺(rú)子可教啊，看你这么尊敬老人家，我就把我压箱底的本事传给你吧。"说罢，他从怀中掏出一卷污迹斑斑、破破烂烂的竹简，递给张良。"此书未来能够让你成为帝王的老师，十年后你将星光闪耀，十三年后，你到济北寻访，谷城山下的黄石即是我。"言讫(qì)，消失不见。张良惊讶不已，再低头一看，发现手中拿的是《太公兵法》。太公是谁呢？就是当年辅佐周武王灭商兴周的姜尚姜子牙，他的兵法自然是难得一见的珍宝。得了秘笈的张良日夜诵读，果然大有长进。

隐匿项伯

在下邳生活的时候，除了遇到给他授书的黄石公外，张良还结交了一位豪雄之士项伯。张良虽然是个书生，但颇有任侠尚武之气。项伯因为杀人犯了死罪，朝廷到处缉捕于他。同是逃犯的张良感同身受，于是将项伯藏匿了起来，使他躲过一劫。这次仗义相助，为以后的鸿门宴埋下了解救之道。十年后，秦始皇驾崩于沙丘，继承皇位的秦二世胡亥胡作非为，惹得天怒人怨。最终陈胜吴广率兵在大泽乡起义，其他各路豪杰相继并起，轰轰烈烈的反秦抗争风起云涌。张良终于等来了自己发光发热的时刻。作为王佐之才，他并没有自立一军的打算，而是到处寻找明主贤君。他听说有个叫景驹的自立为楚王，于是打算投靠此人。

初投刘邦

在半路上,张良遇到了另一伙义军。这支义军的人数不多,不过数千人,战斗力也比较薄弱,正在秦军的反扑下苦苦支撑。抱着怀疑态度的张良顺道见了一下这支义军的首领——刘邦。一见之下,双方对彼此都大为倾心。刘邦出身低微,性情惫懒,平常对儒生非常不感冒,但对张良却极为欣赏,可能是张良出身贵族兼且学识渊博,也可能是张良自带的仙风道骨气质征服了刘邦。总之,刘邦立刻拜他为厩(jiù)将,主管全军的后勤保障工作,对张良的各种意见无不听从。张良也甚为感动,他平常跟别人高谈阔论时,别人都一知半解,让他常常感叹曲高和寡。而刘邦虽然学识差劲,但见识很高,使张良颇有相见恨晚之感。

掌阴阳·施万筹·张良

秦楚夹击

张良才智无双，和刘邦又惺惺相惜，但仍旧解决不了当前的严峻问题。刘邦起兵仓促，兵员素质很差，几乎没有经过正式的军事训练，所以在群雄中实力非常弱小。而且更令人担忧的是，不仅西面的秦军在对他们虎视眈眈，后方兴起的另一支义军——楚军也恨不得将他们连皮带肉一口吞下。这支楚军可不是之前张良想要投靠的景驹所带领的楚军，而是由两个卓越的军事将领项梁、项羽叔侄所带领的楚军。这支楚军自吴中起兵以来，一直攻无不克，战无不胜，出色的战绩使其隐然是群雄之首。此时，首倡起义的陈胜已败，他的手下召（shào）平投靠了项梁，并且假传陈胜命令，封项梁为上柱国。项梁更有了号令群雄的本钱。

薛县会议

实力孱弱的刘邦对楚军这只大老虎自然毫无反抗能力，他们全军投靠了景驹，可景驹却根本不是什么好靠山，被项梁叔侄一鼓拿下。刘邦不敢报仇，只好乖乖地参加了项梁叔侄组织的薛县会议。项氏叔侄发起这场会议的目的其实很简单，就是借着通过会议来统一各路义军行动以便更有效打击秦朝的名义，实际是要确立楚军的主导地位、确立项梁的最高领导权。但由于项梁也担心自身威望不足，所以在老谋深算的谋士范增的建议下，立了一个傀儡楚怀王。通过这个楚怀王向各路义军发号施令，间接达到控制各路诸侯的最终目的。诸侯们都不敢反抗，默默接受了这个事实，答应尊奉楚怀王的命令。刘邦自不例外，被收编为楚军。

辅佐韩王

张良眼见刘邦目前无所能为，遂有去意。更重要的是作为韩国后裔，张良一直希望能够光复韩国。此时，昔日"东方六国"中的五国已经都借着反秦起义，重新复辟，唯有韩国没有合适的国王出现。于是他找到项梁，希望项梁能够为韩国立一个王，他选中的是横阳君韩成。项梁因张良曾救助项伯之故，遂满口答应。他派人找到了韩成，立其为王，同时任命张良为韩国的司徒，并送给他们一千多人，希望他们可以收复韩国旧地。这个人情不能说小，但也谈不上多么慷慨。很显然，这点人马根本不可能完成复国大业，张良知道，项梁根本不愿意为自己树立一个未来的强敌。但自己手中无兵无将，只有接受项梁的这个所谓"人情"。

复韩无功

兵微将寡、主君无能，张良空有千般策略，也无法完成复国大业，他们在韩地流动奔袭，历经数十战，却始终未能建立起稳定的基业。而就在张良苦苦挣扎的时候，天下形势突变。战无不胜的项梁终因骄傲自大，在定陶一战中被秦将章邯大败而亡。昔日的傀儡楚怀王去掉了压在自己身上的包袱，暂且成为了真正的话事人。他发布命令，让项梁的侄子项羽北向救赵，让刘邦西向攻秦，并与诸侯约定，谁先进关中，谁就是未来关中的王。这个命令倒不是说楚怀王多么欣赏刘邦，而是希望借此分化项羽的实力。不过，这显然给了刘邦脱离项氏控制的绝好机会。刘邦没有犹豫，立刻就率兵出发了。

再投刘邦

刘邦取道颍川、南阳一带,打算从武关进入关中。而这一地区正好是张良和韩王成活动的区域。双方再次会面。刘邦不计前嫌,再次邀请张良跟随自己出征。张良心中对当初抛弃刘邦深感愧疚,而且知道如果没有刘邦的帮助,自己跟着韩王成肯定没有机会复国。于是答应了刘邦的要求,跟着去攻取南阳。此时南阳郡守在宛城固守,刘邦攻打了好几天都无法成功。刘邦心里挂念楚怀王谁先进关中谁能当王的承诺,恨不得立刻飞到咸阳,所以就打算绕过宛城,直接向咸阳进军。这无疑是个很糟糕的计划,因为绕过宛城,实际上就留下了巨大的隐患在身后,一旦前方受阻,宛城再派兵堵截,将陷入被前后夹击的危险境地。

轻取宛城

张良耐心地给刘邦分析了这样急躁冒进的可怕结局。刘邦冷静了下来，决定听从张良的建议，还是要稳扎稳打，首先确保自己后路无忧，才能西入关中。于是，他下令将宛城重重围困，准备彻底拔除这个钉子。宛城的守将一觉醒来，发现本来已经绕城而过的刘邦大军又折返回来困住了自己，不由心急如焚，心理素质特别差的他完全兴不起斗志，竟然打算直接抹脖子了事。一旁的门客陈恢一把抱住了他，劝他先等等，让自己来想办法解决这个问题。陈恢带着三寸不烂之舌面见刘邦，分析了一下刘邦的局势，跟张良所言一模一样。然后诚恳指出，攻打宛城的时间比较漫长，放过又不可能，还不如劝降守将为好。

掌阴阳·施万筹·张良

西进峣关

刘邦觉得陈恢所说很有道理,就采纳了他的意见,派人向南阳郡守传话,只要他投降就高官得坐,骏马得骑。南阳太守有了台阶下,果然竖起了降旗。南阳郡下面的各个城池一看郡守都放弃了反抗,群龙无首下也纷纷望风而降。没有了后顾之忧的刘邦顺利西进,到了峣(yáo)关。这是西进咸阳的咽喉要塞,秦军有重兵把守。连连得胜的刘邦自信心膨胀,决定要堂堂正正跟峣关守军死磕一把。张良看着热血沸腾的刘邦,一阵恶寒,他劝谏道:"千万不可硬碰硬,这样只会让我们损兵折将。据我收集的情报了解,峣关守将出身屠夫之家,性格胆小却又非常贪财,我们应该如此这般,必然能兵不血刃拿下峣关。"

得金投降

　　刘邦闻言大喜，立刻依计而行。他派了五万人马在峣关附近的山上虚设旌旗、摇旗呐喊，摆出了一副人多马众、气势汹汹的假象，然后又派谋士郦食其（lì yì jī）带着大量的金银财宝去见峣关守将。这名秦将本来在府里被刘邦的人马吓得战战兢兢，听说有投降的机会，而且还能得到金银财宝，简直喜出望外，二话不说，立马答应投降，而且自告奋勇当"带路党"，要和刘邦一起转头进攻咸阳。刘邦闻讯大喜，没想到事情发展得如此顺利。张良却皱起眉头，泼了他一头冷水，道："现在这个情况并不乐观，投降一事只是峣关守将的心意，下面的兵卒未必听他的指挥，所以为今之计，应该趁其不备，彻底拿下峣关。"

呵呵呵呵，好多钱！我喜欢。

掌阴阳·施万策·张良

青史流光：跨越时空的那些人

长戈5把。

五五二十五，刚才数到几了？

四〇

智取峣关

刘邦挠了挠头，实在搞不懂张良的脑回路，一会儿不让打，一会儿又让打。但这不妨碍他对张良的信任，听不懂也要执行，于是派兵迅速出击，攻打峣关。峣关守将刚刚投降，而且得了财宝，正沉浸在美梦中呢，自然也不关心峣关的守备。所以刘邦的军队很容易就打下了峣关。气急败坏的峣关守将只好退守蓝田，他也实在搞不懂刘邦的军队为什么一会儿劝降自己，一会儿又要灭掉自己。不过，他的想法已经不重要了，很快刘邦就继续进攻，彻底消灭了他。峣关一丢，秦朝都城咸阳就彻底暴露在了眼前。刘邦屯兵霸上，厉兵秣马，准备最后的决战。不过，预想中的恢弘决战并没有到来，因为大秦朝廷的内部出现了变乱。

素服献玺

秦二世胡亥和宠臣赵高两个人狼狈为奸，倒行逆施，直接引发了天下大乱。而阴险狡诈的赵高也想趁机过过当皇帝的瘾，所以他利用手中的权力，逼迫胡亥自杀身亡。但事到临头，由于群臣反对，赵高又不敢直接称帝，只好将玉玺(xǐ)交给了王室成员子婴。此时的秦朝大势已去，所以子婴不敢再称皇帝，而是改回了以前的秦王。子婴深知赵高不会对自己这个傀儡善罢甘休，为免胡亥之祸，他先下手为强，设计杀死了赵高，并且灭其三族。不过，刘邦大军已兵临城下，只当了四十六天秦王的子婴自知军心涣散，秦国没有任何的抵抗能力，只好以绳系颈、素服白车，亲自捧着玉玺，率众向刘邦投降。曾经一统天下、威震四海的秦王朝烟消云散。

得意忘形

刘邦这一路过来堪称顺风顺水,几乎没费吹灰之力就成功进入了咸阳。看着富丽堂皇的宫殿、娇俏艳丽的美女、堆积如山的财宝,"乡巴佬"刘邦美得晕头转向。他做梦都没有想到,祖祖辈辈刨地种粮的老刘家祖坟居然冒起了如此浓烈的青烟,自己马上就要成为关中之王了。心花怒放的他早已忘乎所以,一心想在咸阳城里、阿房宫中过起醉生梦死的豪奢生活。刘邦欢喜地丧失了理智,可他手下有人不以为然。大将樊哙(kuài)首先发现了问题,就忧心忡忡(chōng)地跑来规劝。可刘邦哪肯听一个大老粗的话,三言两语就把樊哙打发走了。樊哙无奈,想到刘邦对张良一向言听计从,就风风火火地找来张良,让他想办法劝谏刘邦。

咸阳谏主

张良没有犯言直谏，而是心平气和地对刘邦说道："当初，大秦就是因为骄奢淫逸，所以才使得天下大乱、社稷倾覆，您也才有机会进入咸阳。您既然已经为天下消除了秦朝这个祸患，不应该马上改弦易辙、处处节俭，以便显示与暴秦的不同吗？现在刚进入咸阳，您就开始沉迷于酒色财物之中，这不就是所谓的助纣为虐吗？有道是"忠言逆耳利于行，良药苦口利于病"，樊哙等人说的是肺腑之言，万望听从。"刘邦沉默半晌，躬身对张良道："多谢先生忠告，我即刻改正。"刘邦迅速下令全军封锁咸阳的府库、宫室，严禁军士为非作歹、祸害百姓，同时引军退出咸阳，继续屯兵于霸上，以显示自己并不贪恋权位。

约法三章

但就这么被动等待其他诸侯来摘取胜利果实,显然不符合刘邦的利益。即使不能进驻咸阳,得到财宝美女,也必须要得到些好处才行。张良建议刘邦在退出咸阳前,召集咸阳城中的名宿贤达一起聚会一下。会上,刘邦当众宣布:"咸阳城中,秦朝旧时的严刑峻法一概废除,只保留三条:'杀人者死,伤人及盗抵罪。'原有的秦朝官吏一概留任,不做调整。我来此只是为了将大家从暴政中解救出来,绝不会欺凌秦国的百姓。"咸阳城中大多数都是原来秦国的人,此时都放下心来,争着向刘邦敬献酒食,表达敬意。刘邦却以军中粮草足够为由,分毫不取,这样就更以实际行动赢得了民心,大家都唯恐刘邦不当秦王。

项羽反击

刘邦之所以乖乖退出咸阳,不仅是因为张良的劝谏,更重要的是面临着迫在眉睫的危机。当初北上救赵的项羽,连番血战,牵制了秦朝的大部分主力部队,才使得刘邦在西进关中时,没有遇到多少磨难。项羽费了九牛二虎之力,终于消灭秦军主力。没想到一抬头,发现刘邦已经渔翁得利,轻松夺去了最大的果实,是可忍,孰不可忍!气急败坏的项羽率领铁骑,旋风般扑向咸阳。到函谷关的时候,发现居然有刘邦的人在把守。项羽更坚定地认为刘邦想要称王关中。他毫不犹豫地下令进攻。刘邦的守城部队实力自然不能跟百战百胜的项羽军队相提并论,几乎没做什么抵抗,就一哄而散了。

与主进退

项羽大军逼近咸阳，屯兵于附近的鸿门，与刘邦大军的驻地霸上相距不远。此刻的刘邦还想着如果项羽到了，就召集诸侯们一起开会，把咸阳的情况通报一番，说不定诸侯们会举手表决同意自己当秦王呢。他压根不知道项羽根本不打算跟他废话，而是准备第二天就直接开战，彻底消灭他。危急时刻，张良昔日救助过的项伯，也就是项羽的叔叔，偷偷跑来找张良通风报信，让他急速随自己逃走。张良听闻情势危急，却没有逃走，而是郑重其事地说道："当初沛公对我不薄，我若逃走，乃不仁不义之举。我不能做这种事，请稍等我一下，我立刻去通报沛公。"说罢，头也不回地去刘邦的大帐中汇报情况。

款待项伯

刘邦听闻噩耗，吓得面如土色，急忙问计。张良不慌不忙地反问道："沛公，您真的打算背叛楚军，自己称王吗？"刘邦转了转眼珠，假模假样道："唉，哪有此事，这不是有小人向我进言说，只要关闭函谷关，诸侯们进不来，那关中不就为我所有了嘛！我一时糊涂，听信此言，才命人去守函谷关的呀！"张良微微一笑，道："那您觉得您现在能够比得过项羽吗？"刘邦颓然说道："那怎么可能？"张良道："那既然如此，我们就只能说服项伯，先让他帮助我们在项羽面前美言，至少也要先打消掉项羽即刻进攻的企图。"刘邦赶紧命人将项伯恭恭敬敬地请入大帐，盛情款待，一番推心置腹地交流后还约定为儿女亲（qìng）家。

鸿门斗智

项伯在刘邦、张良的糖衣炮弹攻击下，痛快投降。酒足饭饱的他答应回去后就安抚项羽情绪，为刘邦多多美言。但也叮嘱他们道："靠我的言语，恐怕只能安抚我们大王一时，最终要和平解决此事，恐怕还得你们亲自去面见我家大王，当面服软才行。"刘邦、张良二人遂满口答应。次日，刘邦、张良不敢怠慢，一早就带了少数随从，亲自到鸿门与项羽见面。鸿门宴上，项羽对是否杀死刘邦一事犹豫不决，而其谋士范增却非常果断，他悄悄命令手下将领项庄于席间舞剑，伺机刺杀刘邦。危急时刻，幸好张良、樊哙等人智勇兼备，巧妙化解。最后，刘邦借"水遁"先行逃离。走之前，甚至都不敢向项羽辞行，唯恐项羽改变主意，下令诛杀他们。

重礼相送

等众人都已经逃走,孤身一人的张良才一脸轻松地进入项羽的大帐,向项羽回禀道:"我家沛公不胜酒力,刚才一出去就醉倒了,唯恐失礼于大王,所以我就派人先送他回去了。"项羽面露不豫之色。张良又接着说道:"走之前,沛公特意嘱咐我,一定要把他的心意带到。"说罢取出一对玉璧、一对玉斗,都是精美绝伦之物,分别献给了项羽和他的谋士范增。项羽在鸿门宴上听了刘邦的一番小心解说,早已杀心大减,如今看到刘邦以重礼相送,更加觉得刘邦善解人意、恭顺小心,不是有意对抗自己。范增可没有那么好糊弄,他气哼哼地拔剑斩碎玉斗,大骂"竖子不足与谋"。张良看着两人各自的表现,心中暗暗欣喜。

三王监刘

项羽凭仗着自己兵强马壮,自封为天下各路灭秦义军的首领,号"西楚霸王",然后分封各路有功诸侯。本来刘邦先入关中,按照当初楚怀王发布的公告,完全可以被封为关中王或者秦王,但项羽虽然在鸿门宴上暂时放过了刘邦,而内心深处仍旧对刘邦忌惮(dàn)非常。他有意把刘邦封为了汉王,封地则是地处偏僻之处的巴蜀地带。而将刘邦本来应得的关中大地,一分为三,分封给了秦朝的三个降将:章邯、司马欣、董翳(yì),称为雍王、塞王、翟王。这三王与项羽的关系匪浅,分封关中不仅是为了酬功,更是为了让这几个心腹之人就近监视刘邦,同时万一刘邦真有背叛之事,这三人可就近阻挡刘邦出川之路。

再辅韩王

　　人在矮檐下,不得不低头。刘邦暂时无法对抗项羽,只能忍气吞声地把关中土地让给三王,自己带兵去往巴蜀。天下分封已定,暂无战事,张良向刘邦辞行。因为张良名义上是韩国的司徒,在刘邦军中只是客卿身份。此时秦朝已灭,韩国也已复国,张良必须要回去辅佐韩王,最终实现他的复国梦想。刘邦对张良依依不舍,拿出了一大堆的金珠财宝送给张良。张良深受感动。但他并没有接受这些财物,而是把这些财物转手送给了项伯,让项伯在项羽面前为刘邦争取汉中之地。项伯得了财物,果然向项羽进言。项羽不虞有他,认为刘邦即使拥有了汉中之地,也掀不起什么浪花,就故作大方地给刘邦多封了汉中之地。

掌阴阳·施万筹·张良

六三

明烧栈道

张良不忍立刻离开刘邦，一路相送，直到入汉中的栈道之口。刘邦再三劝说张良不必再送，张良只得与汉王洒泪而别。临别前，张良又认真勘察了一下附近的地形，只见四周悬崖高耸，别无道路，只有中间一条栈道可通汉中、巴蜀，于是他对刘邦说道："大王从此栈道经过后，请把这栈道随手烧毁。"刘邦愕然。张良指指栈道，接着说道："如果烧毁了栈道，就能给项羽一个假象：您会安心当汉王，不会出川。趁他疏于防范之际，您可以在汉中、巴蜀休养生息，养精蓄锐，等待时机。如果我所料不差，天下很快又将大乱。到时候，再行出川，必能成功。"刘邦疑惑道："那栈道已毁，到时候如何能够再出来呢？"

旧地难归

张良哈哈大笑："大王不必忧心于此,到时自有进兵之路。"说罢,洒然而去。刘邦对张良所说不敢怠慢,经过栈道后,立刻派人毁坏了这条交通要道。项羽听说此事,不由得喜笑颜开,浑身通泰。既然刘邦如此知情识趣,项羽暂时也就放下心来。他恋家心切,不想远离自己的家乡彭城,所以根本没有在咸阳称帝的打算。他纵火焚烧了阿房宫、诛杀了胆敢向刘邦投降的原秦王子婴之后,带着无数的财宝回返彭城。张良并没有能去韩国旧地,因为项羽认为韩王成在灭秦战争中没有什么功劳,所以不想继续承认他的王位,而且张良曾供职在刘邦手下,项羽也担心韩王成跟刘邦勾结,所以就软禁了韩王成,带着他一起回归彭城。

掌阴阳·施万筹·张良

青史流光：跨越时空的那些人

韩王身死

张良不愿背主，追随着韩王成也来到了彭城。为了转移项羽对汉王刘邦的警惕之心，他主动向项羽汇报了烧毁栈道之事，一再说明汉王无出川之意。而且在不经意间，向项羽透露了齐地田荣造反的事情。这个田荣也是反秦义军的一支，但与项羽不对付，所以项羽在分封诸侯的时候，不肯分封他。田荣大怒，攻杀了项羽所任命的齐地诸王，自立为齐王，一统三齐。项羽听闻张良密报，勃然大怒，遂不再关心刘邦，而是准备北上收拾田荣。张良趁机向项羽请示让韩王成归国，可项羽却不以为然。不久，一个晴天霹雳砸向了张良，韩王成居然很快被项羽派人杀害了。主君已死，张良的复国美梦彻底破裂。

写信定心

张良恨透了项羽，他连夜从项羽军中逃走。心中再无挂念的张良下定决心去追随刘邦。等他到了汉地时，才知道刘邦此时已经拜韩信为大将，用明修栈道、暗度陈仓之计，避开了敌人的正面防御，从侧翼进攻，一举收复了关中之地。原先的关中三王章邯自杀，司马欣、董翳归降刘邦。张良为汉王得到韩信而心中欢喜。为了避免过分刺激项羽，他随手帮刘邦给项羽写了封信，信中表示刘邦的志向一直就是当个关中王，之前因为没有得到，所以念念不忘。现在终于得到了，也就不会有别的想法了，汉军是绝对不会东出函谷关的。本来对刘邦进攻关中，杀死三王的行径暴跳如雷的项羽收到此信，遂不忧心刘邦，全力进攻齐地田荣。

掌阴阳·施万筹·张良

汉王刘邦最大的志向是当关中王,现已谋得,就不会再有其他杂念,更不会东出函谷关。

三投刘邦

　　张良归还汉军，刘邦兴奋不已，立时封其为成信侯，随军赞画军机。项羽进攻田荣的行动并不顺利，虽然杀死了田荣，但由于其残忍暴虐、施政不当，齐地的叛乱反而愈演愈烈。刘邦知道机不可失，时不再来，乘项羽无暇分身之际，果断率兵出关，东征击楚。这次进攻，不只有汉军，刘邦乘势还拉拢了一大批对项羽不满的诸侯王，纠集了五六十万人马，浩浩荡荡杀奔彭城。此时项羽正在北地征战、内部空虚，联军势如破竹，很快攻陷了彭城。刘邦大喜，觉得以前甚为恐惧的楚军不过如此，遂本性暴露，大肆搜寻财宝、美女，通宵达旦地与众人饮宴。张良看在眼里，坐卧不宁，如此志满意骄，恐怕是大败的先兆呀。

彭城惨败

果不其然,项羽听闻自己老巢被端,心急如焚,立刻撇下攻齐大军,亲率三万精兵回救彭城。楚军一来,所谓的联军立刻原形毕露。项羽带人如虎入羊群般,把五六十万的联军杀得七零八落,屁滚尿流。刘邦只来得及带着张良等人狼狈逃走,而自己的妻子、父亲都被项羽捉获。遭受如此重大的挫败,刘邦真是欲哭无泪。当逃到一个叫下邑的地方时,他垂头丧气地对张良说道:"关东之地看来我是要不成了,但我要不了也绝不能让项羽得到,我打算把关东之地许诺分给未来能够和我一起打败项羽的人。请问先生,这样的人到底能够是谁?"张良不假思索地说道:"这样的人就在眼前,而且不止一个,有三个。"

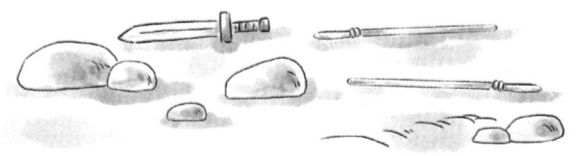

下邑之谋

刘邦惊讶地听着张良侃侃而谈："第一个是九江王英布。项羽北击田荣的时候，想邀请英布一起攻击，但英布称病不去，这令项羽痛恨无比；第二个是彭越。项羽分封时，因他出身草莽，项羽并不重视，所以他没有获封。田荣反楚时曾经给过他将军印，我们出兵时又封他为魏国国相。所以跟我们关系比较近。虽然他现在带着人马并无根据地，但他骁勇善战，长于游击；第三个就是汉王您手下的大将韩信，这人可以委托大事，独当一面。这三个人都不能以普通将领对待，一定要用裂土封王的优厚承诺来吸引他们。这三人出马，项羽必败。"刘邦连连称是，迅速派人策反英布、联络彭越，并重用韩信，让其独自领军，进攻燕赵。

郦生乱谏

下邑之谋影响深远，为刘邦最终击败项羽奠定了基础。但此时远水解不了近渴，衔尾追来的项羽势不可挡，刘邦一再败退，被困荥（xíng）阳。楚军截断了汉军粮道，局势对刘邦非常不利。这时，刘邦手下的谋士郦食其站出来说道："当初商汤灭夏，分封了夏朝的后人，周武王灭商，也分封了商朝的后人。现在秦灭了六国，我们却消灭了暴秦。如果现在以您的名义分封六国后人，恢复古制，那六国之人一定欢欣鼓舞。有此德行，楚国只能俯首称臣。而汉王您则可以号令天下。"刘邦想了想，觉得很有道理。如此能够兵不血刃地让项羽服软，岂不比打生打死要好？于是兴奋地命人刻制印玺，准备派郦食其出使各地，分封六国后人。

青史流光：跨越时空的那些人

详解劣计

张良外出归来，一听此事，大惊失色，赶紧跑去责问刘邦："大王，是谁出此计策？"刘邦高兴地说："是郦食其呀，这可真是条妙计。"张良一跺脚，急道："什么妙计，这简直是取死之道！"刘邦大惊，忙问缘由。张良分析道："第一，当初商汤分封夏的后人，是因为他能完全控制这些人，请问我们今天能控制项羽，能在必要时置其于死地吗？第二，武王伐纣，分封商后人，是因为他先砍掉了商人领袖纣王的头，请问我们今天能砍掉项羽的脑袋吗？第三，武王当时表彰了商朝的忠臣，是为了鞭策本朝的大臣，请问我们现在需要这么做吗？第四，武王对百姓散发的钱粮是战利品，今天我们饥肠辘辘，也要学他吗？"

刘邦惊悟

张良叹了口气，又接着说道："第五，武王曾经兵归府库、马放南山，偃武修文，以示天下太平，如今我们激战正酣，如果这么做，项羽会放过我们吗？第六，最重要的是，六国后人如果得到了王位，分封到土地，谋臣武将也各归其地，那么谁还会把汉王您放在眼里呢？再说了，现今楚国强大，这些人凭什么不屈服于项羽，不奉他为主，而是听命于汉王您呢？"刘邦听完张良鞭辟入里的分析，汗水自后背涔涔而下。他气得一口吐掉嘴里的饭食，大骂郦食其腐儒误事。遂赶紧派人取消掉刻制印玺的计划。张良高明的战略分析打消了刘邦不切实际的回到昔日六国共存、自己不战而王的幻想，刘邦不得不全力以赴应付眼前大敌。

掌阴阳・施万筹・张良

赐印抚信

刘邦被困荥阳之时,独自领军的韩信却在北线打得有声有色,先后平定了魏国、赵国、代国、燕国、齐国等复辟的诸侯国。等平定了齐地之后,韩信派人来见刘邦,试探着询问能否让他当齐地的假王,也就是代理王。刘邦正是火烧眉毛的时候,韩信不仅不赶紧来解救,还一心想着能否封王,这让刘邦大为光火,忍不住破口大骂,幸好张良与谋士陈平及时阻止,刘邦才意识到此时韩信已成气候,不可等闲责备。他不仅要封赏韩信,还应该超过韩信的预期。于是,刘邦派张良捧着印信,亲自去齐地面见韩信,册封其为真正的齐王,而不是代理齐王。韩信得到册封,非常高兴,忠诚指数瞬间飙(biāo)升,立马引军南下袭楚。

鸿沟议和

张良在下邑为刘邦谋划可以裂土封王的三人此时都在发挥积极作用，英布已经彻底叛楚，投靠了汉军，彭越则在项羽的背后展开了他最为擅长的游击战，搞得项羽不得不时常回援后方，东西奔走，疲于奔命。项羽无力彻底击垮刘邦，只好和刘邦在鸿沟议和。双方商定以鸿沟为界限，鸿沟以西为汉地，以东为楚地，然后各自罢兵归国。协议达成后，项羽送还了刘邦的父亲、妻子，带兵撤返彭城。刘邦此时也精疲力竭，打算回归汉中。张良、陈平却不约而同地对刘邦说道："现在项羽正是兵疲力竭之时，我们怎么能死守承诺，导致养虎为患呢，现在不仅不能退兵，还应该迅速追击项羽，彻底将其歼灭。"

青史流光：跨越时空的那些人

等你给红包呢，给了就出兵啦……

韩、彭这俩家伙为什么不出兵？

虚抚韩彭

　　刘邦最终采纳了二人建议，汉军遂对项羽展开追击。项羽对刘邦毁诺的行为切齿痛恨，但也只能兵来将挡，水来土掩。他凭借着自己的勇武，屡屡大败追击的汉军。刘邦慌了，又问计张良道："为何现在只有我们出头，而韩信、彭越这两个家伙不出兵啊？"张良笑道："我知道这两人什么心思。大王之前封了他们为王，但是没有具体指出对应的封地在哪里。所以两人心存犹疑。只要现在派人告诉他们将来的封地在哪里，他们必定欣然起兵。"刘邦顿悟，遂派人向韩、彭许诺了将来的封地，二人得到承诺，果然很快派兵围攻项羽。敌进我退，敌驻我扰，敌疲我打，敌退我追。项羽空有满身的气力，却被这种战术拖得毫无办法。

推辞封赏

最终,曾经不可一世的楚霸王项羽自刎乌江,楚汉争雄以楚国战败而告终,刘邦成功登上皇位,建立大汉政权。国家初定,刘邦大宴群臣,其间,刘邦跟大家讨论自己得胜原因时,盛赞张良之功,称其"运筹帷幄之中,决胜千里之外",令其在富饶的齐地选择三万户作为食邑。张良却推辞道:"我起自下邳,与陛下相会于留。自追随陛下以来,您常对我言听计从,而我自己的计谋有时能够奏效,也实属偶然。念及于此,我自认能分封到留地即可,至于三万户,我愧不敢当。"刘邦深为感佩,遂不拂其意,封其为留侯。但张良谦逊有礼并不代表其他人也是如此,天下大定,太多的文臣武将希望自己能够获得优厚的封赏。

封侯之争

由于封赏的等级要根据功劳来确定,所以大家日日争功,朝堂上围绕着功劳评比,大家吵作一团,导致封赏进度非常缓慢,几天下来,只封赏了功勋卓著的二十余人,就再也进行不下去了。其他有功之人这时也不关心国家大事了,而是三三两两聚集在各处窃窃私语。刘邦觉得奇怪,问张良:"大家都在悄悄讨论什么呀?"张良一脸严肃地说:"在讨论怎么谋反。"刘邦吓了一跳,随即笑道:"怎么可能,天下刚定,大家为什么要谋反?"张良道:"很简单呀,这些人跟随陛下一起夺取天下,但目前获封的都是陛下亲近之人,所杀的都是跟陛下有仇之人。而有一个事实就是,再多的爵位也不可能所有人都获封,而……"

不念旧恶

张良说到此处,停顿了一下,又道:"而不少人还曾经得罪过陛下。这些人既担心自己的功劳得不到封赏,又担心您因仇怨杀死他们,所以大家心怀忐忑,聚集在一起商量怎么谋反呀。"刘邦赶紧问计,张良从容答道:"此事不难,只要陛下先封雍(yōng)齿即可。"雍齿是谁呢?这人是刘邦的老乡,以前非常看不起刘邦,常常欺负他。后来,刘邦起兵时,雍齿也曾追随。但关键时刻却又背叛,差点害死刘邦。所以刘邦对其深恶痛绝。虽然后来雍齿又辗转归汉,也屡立战功,但刘邦无论如何不喜欢这个二五仔。张良的意思是,如果刘邦把自己最痛恨的人都给予了厚赏,那么其他人自然就放下担心,知道朝廷不会有负于大家,就能平心静气了。

掌阴阳・施万筹・张良

青史流光：跨越时空的那些人

长安易守难攻，可以扼住天下咽喉，在此定都最好。

定都长安

刘邦立刻下令封雍齿为什邡（fāng）侯，食邑两千五百户，并命令有关人员尽快评定功劳，对大家予以封赏。其他大臣一看连雍齿都得到如此重赏，果然放下心结，不再担忧未来前途。在封赏之前，刘邦还和大家讨论定都何处的问题。很多功臣都是山东六国之人，怀念故土，所以希望能够定都于洛阳，只有娄敬建议定都长安。双方各自举出了自己的理由，刘邦觉得各有道理，一时不能决断，就问张良意见。张良认为洛阳周围空间有限，而且地形开阔，利攻难守，不利于长治久安。而长安正好相反，易守难攻，可以扼住天下咽喉。而且关中土地肥沃，粮食充足。实在是金城千里、天府之国。刘邦非常认可张良判断，遂定都长安。

闭门求道

天下已定,群臣获封,本应享受荣华富贵的张良却以体弱多病为由,闭门不出,不问朝政,青灯黄卷,专心学道。而此时的朝堂上波谲云诡,围绕着"权力"二字,不时地掀起一阵阵腥风血雨。刘邦为了维护皇权,大开杀戒,功臣韩信、彭越、英布等异姓王纷纷因谋反被诛。而张良却再未向皇帝出一计,献一策。对于皇室内部的争权夺利,张良也恪守"疏不间亲"的宗旨,从来不肯参与其中。张良这种不慕权力、明哲保身的行为让刘邦十分放心,所以君臣之间相安无事。但有道是"树欲静而风不止"。作为刘邦最为信服的人,作为最有可能影响刘邦决策的人,张良还是不可避免地被他人逼迫着卷入权力斗争当中。

青史流光：跨越时空的那些人

咳咳……我不行，有四个老头行！（吓死我了。）

子房呀，你得帮帮咱们孩子呀！

计保太子

　　事情的起源很简单。刘邦在原配妻子吕雉被项羽俘虏期间，移情别恋，喜欢上了另外一个女人——戚夫人。大汉建立后，吕雉虽然顺理成章地被封为了皇后，但并不受刘邦宠爱。而且更要命的是，刘邦计划废掉吕后的儿子刘盈的太子之位，改让戚夫人的儿子刘如意继承皇位。这让吕后惊恐不已。群臣纷纷劝谏刘邦不可如此，但刘邦一概不听。无奈之下，吕后派人强行找到张良问计。张良推脱不了，只好建言："口舌难以说动陛下，只能让太子请'商山四皓'出马，让这四位隐士随伴左右，方可无虞。"吕后依计而行。果然，刘邦看见自己请了好久都不肯出山的著名隐士都愿意追随太子，感叹太子羽翼已成，遂再不提废立之事。

退隐山林

吕后因此事对张良敬重不已。但张良从此再不愿参与朝政，他说道："当年我遭逢大难，国破家亡，一心想要灭秦报仇。如今我不仅大仇得报，而且凭着三寸不烂之舌，居然忝(tiǎn)为帝王之师，封万户，位列侯，这简直就是一介布衣的人生顶点了，我还有什么不满足呢？我不想再沉湎于红尘当中，只愿追随赤松子去访仙求道。"从此，他开始辟谷修道。其实张良深知"飞鸟尽，良弓藏；狡兔死，走狗烹"的道理。在皇权面前，任何的感情都不可靠，越大的功劳越会带来风险，自己如果不知进退，迟早是文种、韩信等人的下场。因此所谓的修仙不过是激流勇退、佯装避祸的手段罢了。靠着这一手段，张良最终得以善终。

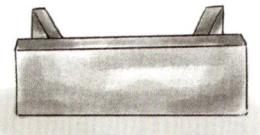

掌阴阳·施万箸·张良

当年我遭逢大难，国破家亡，一心想要灭秦报仇。今日我大仇得报，又凭着三寸不烂之舌，居然忝为帝王之师，封万户，位列侯，这简直就是一介布衣的人生顶点了，我还有什么不满足呢？

青史流光：跨越时空的那些人

一代名臣，智慧出众、谋划深远，不恋富贵、不贪权势、不争功劳，心性高洁，是为臣典范。

黄师父，我又来帮你捡鞋子啦。

一〇四

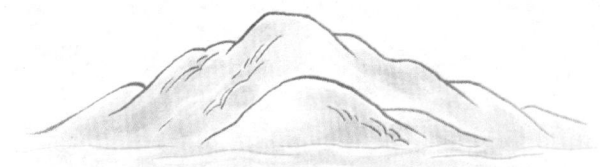

与石同穴

　　作为一代名臣，张良智慧出众，谋划深远，略无不成，计无不胜，是汉高祖刘邦定鼎天下的最大功臣之一，是汉军重大战略计划的制定者。后人评论某人计谋出众时常以张子房相比拟。而且其不恋富贵、不贪权势、不争功劳，在功成名就时能够控制欲望、抽身而退，心性高洁，故常为后人所慕，称其为为臣典范。而同时期功劳卓著的韩信，却恃功而骄、贪恋权位，最终身死吕后之手，诚为可惜。据说后来张良去坯上敬履的黄石公所言之地拜访，果真见到一块黄石。感念老人家当年授予《太公兵法》的恩德，张良取石祭祀。后张良去世，黄石也同其一起下葬。也许在人们心中，张良这种智慧绝伦之人本身就该是神仙中的一员吧！

小小评论家

1. 你有没有干过像张良博浪沙刺秦一样谋划不周的事情呢?

_____

2. 如果你遇到一个老年人对你百般刁难,你会怎么做呢?

_____

3. 为什么张良和樊哙同样去劝刘邦不要骄傲,结果却不同呢?

_____

4. 假如张良最后复国成功了,他会怎么处理和刘邦的关系呢?

_____

5. 你认为张良为什么不肯接受刘邦的大力封赏呢?

_____

6. 张良所有的计策中,哪一个计策让你印象最为深刻呢?

_____

文史小课堂

1. 战国七雄：指战国时期七个最强大的诸侯国，分别是齐、楚、燕、韩、赵、魏、秦。这七个国家中，除秦国外，其余六国都位于崤山以东，故被称为"山东六国"。韩、赵、魏三国因为是瓜分了春秋大国晋国而来，故称为"三晋"。齐国本为西周开国元勋姜尚的封地，春秋时期为"姜齐"，后在战国时期国政被权臣田氏家族控制，最终姜姓齐国变为了田姓齐国，史称"田氏代齐"。

2. 荆轲刺秦：著名历史事件。秦王嬴政统一六国的过程中，燕国的太子丹为了挽救国家行将破亡的危局，派出勇士荆轲远赴秦国都城咸阳，试图刺杀秦始皇。最终计划失败，荆轲惨死。秦王怒而发兵攻打燕国，燕王为平息秦国怒火，只好斩杀太子丹。

3. 辇：本来是指用人力推或者拉的车，后来成为皇帝、皇后所乘坐的车的专用词。如：御辇、辇舆、辇乘等，也因此会被用来做京城的代称，称"京辇"。

4. 逃之夭夭：本为"桃之夭夭"，出自《诗经·周南·桃夭》："桃之夭夭，灼灼其华"，形容桃花盛开，灿烂艳丽的样子。后来谐音为"逃之夭夭"，即逃跑之意，有诙谐、戏谑的感情色彩。

5. 平明、鸡鸣：这二者都是古代对时间段的称呼。古时将一昼夜分为十二时辰，分别以十二地支来表示，并根据每个时辰的特点命以特殊名称。具体对应关系如下：

时间	地支名称	别名
23点-1点	子时	夜半、子夜
1点-3点	丑时	鸡鸣、荒鸡
3点-5点	寅时	平明、平旦
5点-7点	卯时	日出
7点-9点	辰时	食时
9点-11点	巳时	隅（yú）中
11点-13点	午时	日中、日正、中午
13点-15点	未时	日昳（dié）、日央
15点-17点	申时	晡（bū）时、夕时
17点-19点	酉时	日入
19点-21点	戌时	黄昏、日暮、日晚
21点-23点	亥时	人定、定昏

6. 海捕公文：古代官府发布的、在全国范围内缉捕逃犯的公文，类似于现在的全国通缉令。

7. 日上三竿：形容太阳升得很高，时间已经不早了。

8. 孺子可教：小孩子是可以教诲的。出自《史记·留侯世家》，后常被年长的人用来褒奖年轻人有培养前途，有时含戏谑味。

9. 兴周灭商：著名历史事件。商朝末年，纣王无道，天下大乱。商朝西部的诸侯国周乘机崛起，其首领周武王在谋臣姜尚的辅佐下，攻灭商朝，定都镐京，建立西周。

10. 感同身受：原指心里很感激，现在则指就像自己亲身感受到对方的遭遇、情绪一样。

11. 鸿门宴：著名历史事件。秦末反秦起义时，刘邦、项羽分别为两支义军首领。刘邦实力弱小，却率先攻破秦朝都城咸阳。项羽实力强大，却后到咸阳。项羽为此非常愤怒，打算攻击刘邦。刘邦为了平息项羽怒火，遂亲身去往咸阳城外鸿门处的项羽大营分辨解释。宴会上，刘邦委曲求全，项羽则未能听从谋士劝说斩杀刘邦，使得刘邦最终得以逃脱。后世用"鸿门宴"来形容不怀好意的宴请。

12. 大泽乡起义：秦末反秦大起义的起点，由陈胜、吴广二人发动。起义军一开始声势浩大，连战连胜，顺利建立起了"张楚"政权。但因斗争经验不足，内部分裂，吴广、陈胜先后被内部人杀害，最终这支义军被秦将章邯绞杀。

13. 曲高和寡：原来比喻知音难得。现在则用来比喻作品、言论不通俗，普通人理解不了。

14. 相见恨晚：恨，遗憾。为双方相见太晚而深感遗憾。

15. 惺惺相惜：指性格、才智、旨趣相近的人彼此间互相爱护、支持、同情。

16. 关中：函谷关以西的地区。秦朝以秦都咸阳为中心，函谷关位于咸阳东部，是出入咸阳的要隘，所以函谷关以西的地区称关中、关内，函谷关以东地区为关外。这与后世以山海关为界限而分出的关内、关外是不一样的。

17. 玉玺：对皇帝印章的专称，源自秦始皇，是皇权的象征。秦朝子婴向刘邦交出玉玺，象征着秦朝皇权的落幕。

18. 忘乎所以：因过于得意或骄傲而忘记控制自己的言行举止。

19. 忧心忡忡：非常忧虑、担心的样子。出自《诗经·召南·草虫》："喓（yāo）喓草虫，趯趯阜螽（tì tì fù zhōng）；未见君子，忧心忡忡。"

20. 改弦易辙：字面意思为乐器更换弦、车子改变道路。后用来比喻态度、方向发生改变。

21. 助纣为虐：帮助商纣王（商朝末代的君主，以残忍暴戾闻名）一起做暴虐的事情，比喻帮助坏人干坏事。原词为"助桀为虐"，出自《史记·留侯世家》。桀，夏朝的最后一任君主，跟商纣王一样是有名的暴君。后世往往将"桀纣"并称，作为暴君的象征。

22. 忠言逆耳利于行，良药苦口利于病：能够让人正确做事的话语多数不太动听，但有利于人们矫正错误的行为。能够治病的良药多数是苦涩的，但有利于治疗疾病。这句俗语往往用来劝谏别人要善于听从那些虽然不入耳但是很有用的意见和建议。此俗语出自《史记·留侯世家》，原句略有不同，为"忠言逆耳利于行，毒药苦口利于病"。

23. 名宿贤达：名宿，指素有名望的人，也指出名的老前辈。贤达，有才德和声望的人。

人物小传

张良："汉初三杰"之一。刘邦手下最为重要的谋士，刘邦称他"运筹帷幄之中，决胜千里之外"。原是战国时期韩国贵族，秦灭六国后，曾趁秦始皇巡游天下时，在博浪沙予以刺杀，但失败。逃亡后得遇黄石公，被授《太公兵法》、深明韬略，足智多谋，追随刘邦兴汉灭楚。汉朝建立后，被封为留侯，很快闭关不出，不问朝政。张良是中国历史上以智慧闻名后世的代表人物之一。

秦始皇：中国历史上第一个皇帝，秦朝的建立者。在位时威势赫赫，功勋卓著，被誉为"千古一帝"，但因为人残暴、不恤民力，导致民怨沸腾，其去世后不久，中华大地烽烟处处，秦朝二世而亡。

黄石公：秦末隐士，曾居于下邳，三次试探张良，传其《太公兵法》。并让其十三年后到济北拜访，到时所见黄石即为自己。道教将其归入神仙。传说其著有《黄石公三略》《素书》。

项伯：西楚霸王项羽叔叔，跟随项羽进入关中。在鸿门宴前因为张良有恩于己，故向刘邦一方通风报信，说明项羽想要进攻刘邦的谋划。刘邦通过种种手段拉拢了项伯，使其不仅在鸿门宴前替刘邦在项羽前说好话，更在鸿门宴上当项庄想要刺杀刘邦时，挺身而出，替刘邦挡住了所有攻击。楚汉相争后，项羽败亡，项伯被刘邦封为射阳侯。

胡亥：秦朝第二个皇帝，称秦二世。依靠赵高、李斯篡改秦始皇遗诏夺得皇位，在位期间昏聩无能，残暴不仁，加速了秦朝的灭亡。后在秦朝风雨飘摇之时，被谋朝篡位的赵高杀死。

陈胜：秦末农民起义领袖，本为戍卒，因未能按照期限到渔阳戍守，面临酷刑，遂在大泽乡与吴广率先发动反秦起义，喊出"王侯将相，宁有种乎""伐无道，诛暴秦"的口号，建立"张楚"政权，自任楚王。后被秦朝大将章邯击败后，为其车夫庄贾谋杀。

吴广：秦末农民起义领袖。本为戍卒，与陈胜在大泽乡一起起义，曾帮助陈胜用"篝火狐鸣"的方式确立其领导地位，被陈胜任命为假王。后在攻打荥阳时，被起义军中另一个首领田臧杀害。

景驹：战国时期楚国贵族后裔。秦末农民起义时，在陈胜被害后，曾被陈胜部将秦嘉立为新的楚王。但此举触怒项梁叔侄，借口二人背叛陈胜，派英布击杀二人。刘邦斩蛇起义后，曾打算投靠景驹。

刘邦：即汉高祖。本为秦朝泗水亭亭长。秦末陈胜吴广起义后，刘邦在芒砀山斩白蛇起义，一开始投靠项梁复辟的楚国，后羽翼逐渐丰满。率先攻入咸阳，引起项羽不满。鸿门宴后退出咸阳。被项羽封为汉王，进驻巴蜀地带。乘项羽东归江东时，掀起楚汉战争。相争四年，最终在垓下战役中围杀项羽。楚汉战争结束后，建立了大汉王朝。

项梁：项燕之子，项羽的叔父。继陈胜吴广大泽乡起义后，带领项羽在会稽起兵反秦，并在薛县拥立楚怀王，复建楚国。战功卓著，但后来被秦朝大将章邯击败身死。

项羽：本名项籍，号西楚霸王，秦末反秦起义各路人马中的主力。曾在巨鹿之战中破釜沉舟，创造了以少胜多的经典战役。勇力绝伦，力能扛鼎。但为人残忍好杀、优柔寡断，缺乏政治眼光，在楚汉相争中，逐步丧失优势，被刘邦击败，自刎于乌江。

项燕：战国时期楚国大将，秦灭六国战争中，楚国的

最后支柱，不幸被秦国名将王翦击败自杀。

召平：秦朝末年，追随陈胜吴广反秦起义，率兵攻打广陵时，听说陈胜战败，遂假传陈胜命令，封刚刚起义的项梁为上柱国，令其过江西向攻秦。项梁八千江东子弟借此成为抗秦主力。

范增：秦末项梁项羽义军的主要谋士，曾在薛县会议中建议项梁拥立楚怀王，参与巨鹿之战，被项羽尊为"亚父"。在鸿门宴中竭力主张杀掉刘邦，但未能成功。后被刘邦谋士陈平施展反间计，导致被西楚霸王项羽猜忌，气愤辞职。

楚怀王：名熊心，本为楚国贵族，秦灭六国后隐匿民间放羊。秦末各路义军起义后，被项梁找到，拥立为王，但并无权力。曾和反秦义军的各将领约定："先入关中者为王。"最终刘邦先入，导致项羽大怒。项羽灭秦后，熊心被尊为"义帝"，但不久就被项羽派英布等人杀害。

韩王成：本为战国时期韩国后裔，秦末反秦起义时，在张良的建议下，其被项梁立为韩王，并以张良为司徒，得兵一千余人去攻打韩国旧地，但徒劳无功。后项羽分封诸侯时，以其无功，不肯让其去韩国旧地，遂软禁其至彭城，最后将其杀害。张良因此彻底离楚归汉。

章邯：秦朝的最后一员大将，是秦末扑灭各路起义的主要将领。曾击败陈胜、杀死项梁，消灭多路义军。但在巨鹿之战中被项羽打败，因受胡亥、赵高猜忌，被迫投降项羽。被项羽封为雍王，主政关中西部，为三秦之一，就近监视刘邦。后在刘邦进攻关中时，被击败自杀。

陈恢：秦末人物，南阳郡谋士，刘邦进攻南阳时，曾建言刘邦劝降南阳郡守。刘邦听从，后被封千户。

赵高：历史上著名的奸臣，秦二世胡亥宠臣。扶植胡亥篡位，权倾朝野，指鹿为马，诛贤杀能。为谋朝篡位，杀死胡亥。因群臣反对，未能当皇帝，只好另立秦宗室子婴为秦王，旋即被子婴设计杀死。

子婴：秦朝最后一个统治者，二世胡亥后，秦国实力大减，已不能称帝，故去帝号，称秦王。奸臣赵高在关外反秦起义高涨之时，杀死昏君秦二世，立子婴为王。子婴对赵高深恶痛绝，设计将其杀死。不久，刘邦攻入关中，子婴出城投降，秦朝灭亡。后子婴被项羽杀死。

樊哙：秦末汉初刘邦手下重要将领、开国元勋。早年贫寒，曾以屠狗为业。后拥戴刘邦在秦末起兵反秦。作战勇猛，功劳卓著，深得刘邦信任。曾在鸿门宴上怒斥项羽，项羽对其甚为欣赏。又以"大行不拘细谨，大礼不辞小让""人为刀俎，我为鱼肉"的理由说服刘邦在鸿门宴中不辞而别，逃离险境。后又随刘邦征伐各路诸侯，建立汉朝。入汉后，又协助刘邦剪除异姓王及其他叛乱，因功封为舞阳侯，曾任大将军、左丞相等职。

项庄：西楚霸王项羽兄弟。曾在鸿门宴上受"亚父"范增所令，借助席前舞剑助兴伺机刺杀刘邦，但为其叔叔项伯所阻，未能成功。只留下一句相关成语："项庄舞剑，意在沛公。"

司马欣：原为秦朝栎阳县狱掾，项羽叔父项梁曾因犯法被抓，司马欣放过了他。秦末辅佐章邯镇压义军，在巨鹿之战中跟随章邯投降项羽，后被项羽分封为塞王，统治关中地区东部，为三秦之一。刘邦进攻关中时，投靠了刘邦，但后来项羽势大，复投项羽。最终在成皋之战中被大败，自刎而死。刘邦对其反复无常极为痛恨，攻占栎阳后，又将其斩首一次。

董翳：秦朝都尉，秦末辅佐章邯镇压反秦义军，巨鹿之战中劝说章邯投降项羽，后被项羽封为翟王，管理关中北部，为三秦之一。刘邦进攻关中时，投靠了刘邦，但后来项羽势大，又复投项羽。最终在成皋之战中自刎而死。（注：《史记·高祖本纪》和《史记·项羽本纪》中对其结局记载不同。）

田荣：战国时期齐国宗室，秦末举行反秦起义，与其兄田儋复辟齐国。田儋为齐王，后田儋被秦将章邯击败身死。齐人另立田假为齐王，田荣不满，赶走田假，另立田儋之子田市为齐王。后因不愿出兵帮助项羽，引起项羽不满，在分封诸王时，不肯封田荣为王。田荣愤怒，不仅杀死了被项羽改封为胶东王的田市，而且自立为齐王。项羽带兵讨伐，田荣被杀死。但其弟田横矢志报仇，继续反抗项羽，从而使项羽深陷齐地战争，间接给了刘邦占领关中、争霸天下的机会。

韩信：汉初三杰之一。少时贫穷，常受人接济，也曾受胯下之辱。秦末乱世时，曾投靠项羽，但不得重用，后投奔刘邦，也不得重用。幸亏刘邦手下萧何慧眼识人，竭力向刘邦举荐，遂被刘邦拜为大将军。在楚汉相争中，夺三秦、破魏赵、灭燕齐，直到垓下之战全歼项羽，从无败绩，被刘邦称"战必胜，攻必取"。后世称其为"兵仙"。但其居功自傲，引起刘邦不满。刘邦先借伪游云梦，擒拿韩信，并将其爵位由楚王降为淮阴侯。后吕后与萧何合谋将韩信杀死。

英布：秦末汉初名将。因受过黥刑，故也称"黥布"。秦末起义中，追随项梁、项羽，战功赫赫，被项羽封为九江王。在楚汉相争中，背楚归汉，辅佐刘邦打败项羽，封为淮南王，与韩信、彭越并称汉初三大名将。后因谋反，被汉高祖诛杀。

彭越：秦末汉初名将，西汉开国功臣，与韩信、英布并称汉初三大名将。秦末举行反秦起义，后与刘邦合作，经常在项羽背后发动叛乱，开展游击战争，并参与垓下围困项羽的战斗，协助刘邦赢得楚汉相争的胜利。西汉建立后，封为梁王，后在刘邦剪除异姓王行动中被诛杀。

郦食其：战国末期出生于魏国，秦末为陈留门吏，桀骜不驯。秦末起义后，不喜其他诸侯，唯独欣赏刘邦的恢弘大度，遂亲身求见，成为刘邦座上宾。后又为刘邦招来其弟郦商及四千余人，被刘邦赐封广野君。楚汉相争期间，在韩信攻略齐地未果下，只身前往齐国，游说齐王田广投降汉王刘邦。田广答应投降，但韩信不满郦食其凭口舌拿下齐地，执意进攻齐国，导致田广认为被郦食其所骗，烹杀之。

商汤：商朝的开国君主。商部落始祖契，传说契的母亲简狄吃了一颗鸟蛋，因而受孕生下契，故古代一直有"天命玄鸟，降而生商"的传说。夏朝末年，君主夏桀残忍暴虐，其下属部落首领汤乘机笼络各部落准备灭夏，其任用伊尹、仲虺为相，内修德政，外用武力，征服了不少部落。夏桀察觉其目的，遂将其囚禁于夏台。后通过向夏桀贡献大量财宝得以返商。回商后继续备战，不久公开伐夏，双方在鸣条会战，战前，商汤发布《汤誓》，众人士气高涨，一举歼灭夏军。夏桀被流放，商朝建立，定都于亳。商汤也因此被称为上古贤王。

周武王：周朝的开国君主，名叫姬发。商朝末年，君主商纣王不修德政，暴虐恣睢，导致天下离心离德。其西部部落周乘机崛起，在周文王、周武王两代经营下，国力日渐强盛，贤才毕集，有姜尚、散宜生、周公旦、南宫适、太颠、闳夭等。文王去世后，武王率兵伐纣，兵至孟津，诸侯都来参加，但姜尚认为时机不成熟，故与武王又撤兵回返，史称"孟津

观兵"。后再次出兵伐商,出征前,发布《牧誓》。最终在牧野之战中,大败商朝,纣王自焚而死。周朝建立,定都镐京(即今天的西安)。周武王偃武修文,归马于华山之阳,放牛于桃林之野,以示天下大服。其采取分封制,将王室众人及功臣等分封到各地建立诸侯国,这为后来的春秋战国埋下了伏笔。周武王及其父周文王均被后世称为上古贤王。

陈平:西汉开国功臣。少有大志,曾在项羽帐下任职,后投奔刘邦。在楚汉相争中,曾设计离间项羽和其谋士范增之间的关系,导致范增负气出走,从而削弱了项羽的实力。汉朝建立后,为剪除异姓王威胁,曾建议刘邦伪游云梦,逮捕韩信。刘邦被匈奴围困白登山,曾献计重金贿赂单于阏氏,刘邦才得以逃脱。吕后专权时,陈平被削夺实权,吕后死后,联合周勃平定诸吕叛乱,汉朝得以安定。

雍齿:秦朝沛县人,系刘邦同乡,刘邦起义时,曾追随反秦。但内心深处向来看不起刘邦,故在反秦诸侯魏国周市的引诱下,投靠魏国,献出其镇守的丰邑。刘邦对此极为痛恨,但屡次攻打都不能取胜。刘邦从项梁手中借来精兵,方才赶走雍齿。雍齿最终又归顺刘邦。刘邦念其有功,不愿诛杀,但内心深恨。在汉朝建立、封赏诸将时,很多人都担心曾经有过错而被追究。张良献计让刘邦封赏其最为痛恨的雍齿,这样大家就不再疑惧了。于是刘邦封其为什邡侯,其他人看到雍齿都能获封,就不再担心了。刘邦曾经免除沛县徭役、赋税,但因丰邑人曾追随雍齿叛变,所以不肯给予其出生地丰邑同等待遇,后经沛县父老劝说,方免。

娄敬:秦末汉初人。本为戍卒,路过洛阳时,布衣请见汉高祖刘邦,向刘邦建言定都长安。刘邦征求大臣意见,其他人多支持建都洛阳,唯有留侯张良支持娄敬意见。后刘邦力排众议，定都长安，赐刘姓给娄敬，封他为郎中，称奉春君。后韩王信叛乱，勾结匈奴进攻汉朝。汉高祖派娄敬去匈奴军中探看虚实，匈奴人故意展示给娄敬年老体弱之人及瘦弱衰残之畜。娄敬回报刘邦，认为匈奴是故意示弱，想引诱汉朝攻击，匈奴一定兵力强盛，不可攻打。刘邦大怒，将其下狱。后来刘邦果然在白登山被围困，差点全军覆没。侥幸逃脱后，立刻释放娄敬，亲自道歉，封其为建信侯。为解决匈奴时常寇边的问题，娄敬建议刘邦采取和亲政策，嫁吕后爱女、长公主鲁元公主给匈奴单于，吕后爱女心切，坚决不从，遂以宫女冒充长公主和亲。为充实关中人口，削弱地方势力，防御匈奴，娄敬又建议将山东六国的豪门贵族十余万人迁入关中，刘邦亦欣然采纳。

吕雉：汉高祖刘邦之妻，一般称吕后。刘邦早年未发迹时下嫁刘邦。刘邦起义后，一直颠沛流离，甚至在楚汉相争中，被项羽俘获，在楚国呆了很长时间。楚汉鸿沟议和，才得以回归刘邦身边。生性刚毅，诛杀汉朝有功之臣，如韩信。刘邦死后，以残忍手段害死刘邦宠妃戚夫人并杀死其子，自己的亲生子刘盈受惊吓而亡。吕后遂临朝听政，任用吕姓族人掌握朝廷大权，史称吕后专权。去世后，汉朝大臣陈平、周勃等反扑，平定了诸吕叛乱。

戚夫人：汉高祖刘邦宠妃，生子如意。汉初与皇后吕雉争权，因受刘邦宠爱，刘邦曾欲废掉吕后之子刘盈的太子之位，改立如意为太子。此举被众臣反对，刘邦亦无能为力，只能为戚夫人作歌："鸿鹄高飞，一举千里。羽翼已就，横绝四海。横绝四海，又可奈何！虽有矰缴，将安所施？"刘邦死后，戚夫人遭到吕后残酷报复，被囚永巷，罚作舂米囚徒。戚夫人悲戚不已，作《舂歌》："子为王，母为虏，终日舂薄暮，常与死为伍！相去三千里，当谁使告汝？"吕后闻之大怒，将其做成"人彘"，扔到厕所，并派人毒杀了其子刘如意。

36. 刘盈：汉朝第二任皇帝汉惠帝，是刘邦与吕后所生嫡长子，为人仁慈，刘邦建立汉朝后，立为太子。因刘邦喜新厌旧，宠爱戚夫人，而生废长立幼之心，打算废掉刘盈，改立与戚夫人所生如意为太子。但此举遭群臣反对，张良献计于吕后请来"商山四皓"辅佐刘盈，方得巩固太子之位。刘邦死后，吕后欲加害如意。刘盈多方维护，终不能保全如意性命。吕后又加害戚夫人，将其施以酷刑，做成"人彘"，刘盈惊恐，认为其母此举非人所为，不久便年纪轻轻忧虑而亡。

37. 刘如意：汉高祖刘邦与宠妃戚夫人所生之子。刘邦一度曾想立其为太子，终因群臣反对作罢。刘邦死后，其母戚夫人被吕后残酷对待，刘如意也被屡屡加害。幸好汉惠帝刘盈心地仁厚，起居坐卧、饮食出行均与刘如意一起行动，使吕后难以得逞。但最终未能保护周全，刘如意还是被吕后乘隙杀害。

38. 商山四皓：秦朝博士，一叫作东园公，一叫作夏黄公，一叫作绮里季，一叫作甪（lù）里先生。入汉后，不肯出仕，隐居商山，须发皆白，故称"商山四皓"。刘邦数次相请，皆不应。后刘邦欲废太子刘盈，其母吕后问计张良，张良建议太子请出商山四皓。四人欣然出山，辅佐太子。刘邦见后大惊，问其缘由。商山四皓答道："陛下一向轻慢高士，臣等不愿自取其辱。如今听说太子仁厚孝顺，恭敬爱士，所以臣等自愿前来。"刘邦感到太子羽翼丰满，难以撼动其位，故打消了废除太子的想法。

39. 赤松子：传说中的上古神仙，神农氏时期的雨师，居于昆仑山。炎帝之女曾随其学道法。